AF329354

ÆLIA ET MYSIS

OU

L'ATELLANE

BALLET-PANTOMIME EN DEUX ACTES,

PAR

M. MAZILIER

MUSIQUE DE M. HENRI POTIER

Décorations de

MM. CAMBON, THIERRY et DESPLECHIN.

REPRÉSENTÉ POUR LA PREMIÈRE FOIS
SUR LE THÉATRE DE L'ACADÉMIE IMPÉRIALE DE MUSIQUE,
LE 21 SEPTEMBRE 1853.

PRIX : 1 FRANC.

Paris,

31me Ve JONAS, LIBRAIRE-ÉDITEUR DE L'OPÉRA,
PASSAGE DU GRAND-CERF, 52.

MICHEL LÉVY FRÈRES, LIBRAIRES | TRESSE, LIBRAIRE
Rue Vivienne, 9 bis. | Palais-Royal.

1853

ÆLIA ET MYSIS

ou

L'ATELLANE

BALLET-PANTOMIME EN DEUX ACTES

PAR

M. MAZILIER

MUSIQUE DE M. HENRI POTIER

DÉCORATIONS DE

MM. CAMBON, THIERRY et DESPLECHIN

Représenté pour la première fois, à Paris, sur le théâtre de l'Académie Impériale
de Musique, le mercredi 21 septembre 1853.

PARIS,

Mme Ve JONAS, LIBRAIRE-ÉDITEUR DE L'OPÉRA,
PASSAGE DU GRAND-CERF, 52.
MICHEL LÉVY FRÈRES, RUE VIVIENNE, 2 BIS.
TRESSE, PALAIS ROYAL.

1853

DISTRIBUTION DE LA PIÈCE.

PERSONNAGES :		ACTEURS :
MESSALA, Consul de Rome sous Néron.........	MM.	LENFANT.
EUCLIO, poëte et mime grec.................		PETIPA.
TIGRANE, prince de Pont....................		MÉRANTE.
SCURRA, esclave de Messala, mime grotesque...		BERTHIER.
ÆLIA, fille du consul Messala...............	Mmes	PRIORA.
MYSIS, danseuse de Thessalie, mime et magicienne.		GUY-STEPHAN.
SAMNIO, grande prêtresse de Vesta, sœur de Messala.		LOUISE MARQUET.
GORGO, vieille vestale.....................		ALINE.

Danseuses Syracusaines, Gaditanes, etc., Prêtresses, Vestales, Mystes, Seigneurs asiatiques, Mimes, Licteurs, Flamines, etc.

Paris. — Typ. de Mme Ve Dondey-Dupré, rue Saint-Louis, 46, au Marais.

ACTE PREMIER.

ESCLAVES D'ÉLIA.

Mlles Cellier, Mathé, Inemer, Poussin, C. Lefèvre, Chassïgne, Dujardius, Simon, Vibon, Navarre, Gaujelin, Buisson.

DEUX NÉGRESSES.

Mmes Galois, Paget.

AMBASSADEURS.

MM. Lefèvre, Franzago, Carré, Estienne, Bion, Darcourt.

NÈGRES.

MM. Leroy, Jeandron, Michaut, Meunier, Duhamel 2, Péconnet.

MIMES.

MM. Faucher, Fanget, Montfallet, Lagrout, François, Millot.
Mmes Cassegrain, Alvarez, Domange, H. Lefèvre.

PAS DES GRACES.

Mmes Taglioni, Forli, Bagdanoff, Letourneur.

LES CYCLOPES.

MM. Vandris, Mazillier, Gredelu, Charansonnet, Herbin, Gœthals, Raimon, Scio, François 1er, Pissarello, Montfallet, Millot.

PAS GADITAN.

M. Bauchet, Mme Guy.

CORYPHÉES.

Mmes Troisvalets, Villiers, Schlosser, Toutain, Cassegrain, Mercier, Chambret, Danfeld.

PAS DE MARS ET VÉNUS.

M. Petipa, Mlle Priora.

AMAZONES.

Mlles Rousseau, Jeandron, Deléonet, Maupérin, Carabin, Danse, Révolte, Alvarez, H. Lefèvre, Domange, Estelle.

NYMPHES.

Mlles Collier, Iuemier, Chassagne, Simon, Vibon, Gaugelin, Giraud, Bouin, Restaut, Pillevois, Errivaut, Crétin 2, Giraud 2, Giraud 3, Villeroy, Mahussier, Laure, Fénélia, Nella, Davignon, Mathé, Poussin, C. Lefèvre, Dujardins, Buisson, Mortier, Potier, Zoé, Jourdain, Nathé, Giraud 1er, Jousse, Ducimetière, Montgason, Delionet, Barat, Chatenay, Gamblon.

ACTE DEUXIEME.

MYSTES.

Mmes Savel, Pierron, Legrain, Rousseau, Villiers, Mauperin, Danse, Révolte, Mercier, Genty, Jendron, Carabin, Delaonet, Toutain, Chambret, Mathé, Danfeld, Simon, Gaugelin, Cassegrain, C. Lefèvre, Dujardins, Domange, Vibon, Buisson, Troisvalets, Schlosser, Alvarez, H. Lefèvre, Poussin, Zoé, Jourdain, Pillevois, Chassagne, Giraut, Gallois, E. Rousseau, Bouin, Collier, Iuemier, Errivaut, Mortier, Ducimetière, Nella, Giraud 1er, Laini, Davignon, Restaut, Giraud 2, Nathé, Potter, Crétin 2, Jousse, Gamblom, Chatenay, Delionet, Barat, Villeroy, Mahussier, Montgason, Giroud 3, Fénélia.

FLAMINES.

MM. Lefèvre, Carré, Fanzago, Faucher, Estienne, Bion, Fauget, Darcourt.

ÆLIA ET MYSIS

ou

L'ATELLANE [1]

BALLET-PANTOMIME EN DEUX ACTES.

ACTE PREMIER.

Ælia est étendue sur un lit d'ivoire recouvert d'une peau de tigre. Un trépied fume à son côté. Autour d'elle s'empressent des femmes esclaves de plusieurs nations, tenant des miroirs d'acier, des coffrets, des flacons d'essences et divers objets de toilette. La jeune Romaine, qui sort du bain, est vêtue d'une robe légère, et enveloppée d'un peplum de pourpre; elle est rêveuse, et reçoit avec indifférence les soins de ses femmes.

Pendant cette scène, Scurra couché à terre, joue aux osselets. De temps en temps il mange un gâteau, et se verse une rasade sur un dressoir placé auprès de l'autel des Pénates. Puis, il s'interrompt pour aller distraire sa maîtresse par quelques bouffonneries. Après d'inutiles efforts, il revient prendre sa place et se dit qu'il y a de l'amour au fond de cet ennui, et qu'il en connaît l'objet.

Entre le consul Messala, précédé de ses licteurs qui se rangent au fond. Les femmes s'écartent avec respect: le père contemple un instant avec orgueil sa fille dans tout l'éclat de sa beauté; il s'approche et lui touche l'épaule pour

---

(1) Les atel'anes, ainsi appelées du nom d'Atella, ville de Campanie, où elles avaient pris naissance, étaient des pantomimes satiriques qui se jouaient souvent au milieu des festins. Les dieux de l'Olympe étaient les principaux acteurs de ces pièces comiques; les plus nobles personnages ne dédaignaient point d'y jouer des rôles, parmi les histrions, les mimes et les danseurs.

JUVÉNAL. *Satire* 6, *notes de* L. V. Raoul.

la tirer de sa rêverie. Celle-ci lève lentement les yeux, et voyant son père, change d'attitude, mais non pas de physionomie.

« Pourquoi cette tristesse? dit le Consul. N'est-ce pas aujourd'hui le jour fixé pour tes fiançailles? Le prince Tigrane, allié des Romains, qui lui rendent le royaume de Pont, ce seigneur qui remplit Rome de sa magnificence, va bientôt se rendre en ce palais. Tout est-il prêt pour le recevoir comme un époux? » A ces questions, Ælia répond par des signes d'ennui, d'impatience, et presque d'aversion. Dans l'espoir de vaincre la tristesse de sa fille, Messala ordonne aux licteurs d'introduire les seigneurs Asiatiques qui viennent offrir à Ælia les présents du prince Tigrane.

Ces seigneurs entrent et s'agenouillent devant Ælia. Ils lui présentent des soieries dorées, des perles, des bijoux, des vases ciselés qu'ils tirent de coffres de nacre et d'ébène portés par des esclaves noirs. La vue de ces objets laisse la jeune fille insensible.

Un peu échauffé par ses libations, Scurra n'a, depuis l'entrée des seigneurs, cessé de s'empresser autour d'eux, admirant leur costume et leurs présents, et taquinant les esclaves. Mais, se dit-il, à quoi servent toutes ces merveilles? Tout cela ne vaut pas pour elle un regard du beau poëte Euclio.

Cependant, le chef de l'ambassade remarque l'air morne et apathique d'Ælia, et commence à s'en étonner. « Rassurez-vous, dit Messala, et pardonnez à cet enfant, dont la tête est pleine de caprices; ma volonté sera obéie. Dites à votre maître qu'il vienne; dans une heure a lieu le festin des fiançailles, et ma fille elle-même, qui ne se plaît qu'aux jeux de la scène et du théâtre, paraîtra dans une Atellane faite en l'honneur des époux. »

Les licteurs accompagnent les seigneurs qui se retirent.

Le Consul reproche à sa fille sa froideur pour le royal amant qui va devenir son époux. « Qu'importe que je l'aime, répond-elle, pourvu que je l'épouse! Je vous obéis, que demandez-vous de plus? — Je demande qu'au moins ton visage ne témoigne pas tant d'ennui. » Scurra s'approche, et prenant à part le Consul : « Maître, dit-il, voulez-vous voir renaître l'animation sur les traits de notre jeune maîtresse? Vous savez que la danse est sa passion. Il faut qu'elle répète son rôle dans l'Atellane; faites venir Euclio. — J'y consens, dit le consul, » et il frappe sur un timbre.

Entre Mysis. Son costume étrange et son air inspiré révèlent une fille de la Thessalie, ce pays de la magie. Elle se rend d'abord auprès d'Ælia, qui, la regardant d'un œil hautain, semble dédaigner ses services. Mysis lui répond par un regard haineux. Puis elle s'adresse au Consul, qui lui ordonne d'appeler Euclio. Celui-ci paraît bientôt tenant à la main un psaltérion. Il est couronné de la palme des didascales remportée dans les jeux capitolins. Il est suivi d'une troupe de mimes, danseurs, citharèdes, aulètes, tibicènes et autres artisans dyonisiaques, portant à l'épaule le masque, et à la main le thyrse. A l'entrée d'Euclio, la belle patricienne s'anime, elle se lève à demi, sans le regarder. Le poète semble lui-même ému. « J'étais là, dit-il à Messala, suivi des acteurs qui doivent jouer dans l'Atellane que vous m'avez demandée pour l'épithalame de la fiancée. J'ai été élevé dans cette maison, je suis prêt à tout pour vous plaire. — Ecoute, répond Messala, tu es devenu un glorieux poète. La couronne olympique ceint ton front ; mais il n'est pas de laurier qui vaille pour moi la joie de ma fille. Qu'elle sorte de sa tristesse, qu'elle apprenne de toi la scène où elle doit bientôt paraître, et compte sur ma magnificence. » Euclio fait un signe de refus pour les présents et dit à Ælia qu'il est à ses ordres.

« Elle t'aime, dit Scurra au poète en lui faisant remarquer le trouble de la jeune patricienne. Son mariage avec le prince Tigrane ne s'accomplira pas.

— Silence, répond Euclio. M'es-tu dévoué ?

— Peux-tu le demander ! moi, ton élève, qui ai appris de toi un art sublime, auquel je devrai bientôt le bonnet d'affranchi. — Eh bien, s'il en est ainsi, reprend Euclio, laisse-nous seuls et veille au dehors. — Sois tranquille, répond Scurra, personne ne vous surprendra. » Mysis pendant ce dialogue les observe d'un œil inquiet. Scurra sort suivi des mimes.

Euclio voyant que Mysis ne se retire pas avec les autres, lui dit : « Hâte-toi de composer le pas gaditan que tu dois danser avant l'Atellane.

— Tu veux m'éloigner, perfide ! s'écrie la Thessalienne, tu veux être seul avec cette femme que tu me préfères.

— Me crois-tu assez fou, reprend le poète, pour être épris de la fille d'un consul, la fiancée d'un prince ? »

Mysis feint d'être rassurée par cette réponse et sort en jetant derrière elle des regards soupçonneux.

Euclio s'approche d'Ælia, s'agenouille devant elle et lui demande si elle veut commencer sa leçon. Celle-ci, après quelque hésitation, répond qu'elle est prête. Le poète se relève et veut lui prendre la main pour la mettre en scène. La jeune femme retire sa main. Euclio respectueux recule et commence à indiquer la mimique qu'elle doit exécuter ensuite ; puis il reprend le psaltérion et prélude avec insistance pour provoquer Ælia à l'imiter. Entraînée par la musique, elle se décide et répète la scène avec perfection. Le poète l'applaudit et la complimente avec amour. Ælia, d'abord ravie de ses éloges, s'offense ensuite dans sa fierté et ordonne au maître de continuer. La scène continue en effet dans le même sentiment.

Peu à peu l'orgueil d'Ælia cède à sa passion, à la tendresse d'Euclio. Après un dernier groupe, où le jeune homme sent battre le cœur de la patricienne, il s'enhardit, couvre ses mains de baisers et la poursuit en délire. En fuyant devant lui, Ælia s'arrête haletante devant les dieux lares, et lui montre, parmi les images de ses aïeux, les couronnes civiques qu'ils ont conquises.

« Respecte ces souvenirs illustres, dit-elle.

— Que m'importe la gloire de ces soldats ! répond Euclio ; n'ai-je pas celle des poëtes ? J'ai cueilli sur la scène des palmes plus belles, et mes pareils sont les favoris des empereurs. Plus de distance entre nous.

— Ma main est promise, dit Ælia

— Quoi ! tu suivrais au fond de l'Asie ce prince barbare, loin de Rome, de ses plaisirs ; tu quitterais le compagnon de tes jeux, l'ami de ton enfance ? »

Au moment où la patricienne se laisse entraîner par le poëte, Mysis paraît menaçante.

« Plus de doute, dit-elle à Euclio, tu te jouais de mon amour ; cette femme est ma rivale ! J'avais deviné votre secret. Je vais me venger en le révélant au Consul. »

Les deux jeunes gens la conjurent de les épargner.

« Eh bien ! je me tairai, j'y consens, répond la Thessalienne, mais à la condition que tu oublieras cette Romaine dont l'orgueil vient de s'humilier enfin, et que tu me suivras dans ma patrie. Nous partirons ce soir. »

L'entrée de Scurra interrompt cette scène. Il annonce l'arrivée du consul.

Messala est précédé des licteurs, et suivi de joueurs de flûtes et d'esclaves qui viennent attacher à la porte de la chambre à coucher d'Ælia des guirlandes de lierre, symbole des fiançailles. Pendant ce mouvement, le père remarque le trouble de sa fille ; Euclio l'explique par l'ardeur de la danse, et l'assure qu'elle sera sans rivale dans la fête qui va s'ouvrir. — Des clairons se font entendre du dehors.

« C'est le prince Tigrane, dit Messala ; l'heure est venue d'engager votre foi. »

Après un combat intérieur, dont Mysis épie tous les signes : Je suis prête, dit Ælia. Le poëte est désespéré.

Les rideaux du fond s'ouvrent et laissent voir, à droite et à gauche, deux estrades, qui supportent des tables et des triclinium où sont déjà accoudés des convives couronnés de roses. Au fond, les jardins et la mer. — Le bruit

des clairons se rapproche, Messala va recevoir son hôte au seuil du palais.
Entrée du cortége ; en tête s'avance la grande prêtresse Samnio, entourée de
quelques vestales vêtues de blanc, couronnées de verveines et portant des rameaux sacrés. Conduites par Ælia, elles prennent place auprès d'une estrade
qui leur est destinée ; puis vient Tigrane, précédé et suivi de joueurs de clairons
vêtus de peaux de bêtes, de piquiers, d'archers et de frondeurs. Les deux
fiancés s'approchent d'un trépied derrière lequel se tient la grande prêtresse.
Messala appelle Scurra et lui demande l'amphore de porphyre pour faire une
libation à l'hospitalité. L'esclave, qui a plus d'une fois puisé à ce vase, devient
sérieux et craintif ; il obéit pourtant à un nouveau signe, et incline l'amphore
sur la coupe que tient la vestale, mais pas une goutte n'en tombe ; elle est
vide. Le trouble de Scurra, sa démarche chancelante, le signalent comme
l'auteur du méfait. A un geste de menace du Consul, il perd tout à fait con-
tenance, le vase lui échappe et se brise.

L'assistance voit cet accident comme un augure néfaste. Euclio s'en réjouit.
Messala, furieux, appelle les licteurs :

« Que ce misérable esclave soit jeté aux murènes !... »

Scurra demande grâce ou tout au moins un sursis. Il joue un rôle dans
l'Atellane ; la pièce va manquer de son principal acteur ; Euclio en est té-
moin. — Le Consul est inflexible. L'esclave est déjà aux mains des licteurs.

« Mais, lui dit le poëte, il te reste une chance de salut : la grande vestale
est présente, et partout elle porte avec elle le droit de grâce. »

Scurra tombe aux pieds de la prêtresse, qui, en souriant, étend son rameau vert sur la tête de l'esclave en signe de pardon, et jette ensuite la
branche sacrée sur le trépied afin de remplacer la libation interrompue.
Scurra, plein de reconnaissance, va baiser la main d'Euclio. Il est prêt à
donner pour lui cette vie qu'il lui doit.

« Eh bien, viens ! lui dit le poëte, tu vas m'aider dans ma vengeance. »

Ils sortent ; Tigrane donne la main à Ælia. Tout le monde prend place
au banquet.

Mysis commence la fête avec des danseuses gaditanes.

Après le premier pas, Euclio s'avance devant le Consul, le salue profondé-
ment et indique deux hérauts qui le suivent et viennent planter des deux cô-
tés de la scène de longues piques au bout desquelles sont pendus deux dipti-
ques portant écrits en lettres rouges ces mots :

VENERIS NUPTIÆ
ATELLANA.

L'assemblée témoigne son intérêt pour ce genre de spectacle. Au fond s'élèvent tout à coup à droite et à gauche des rochers volcaniques; de celui de droite on voit d'abord sortir Scurra sous les traits de Vulcain. Le dieu boiteux, contrefait, soucieux, traverse la scène et va frapper de son marteau un des flancs du rocher situé à gauche. Un bloc se détache, et l'on voit sortir d'une fournaise le bataillon des Cyclopes.

Vulcain se plaint du destin. Il est las de forger dans les entrailles de la terre des armures pour les immortels qui boivent joyeusement le nectar dans l'Olympe. Le célibat surtout lui pèse. Le chœur des Cyclopes partage les sentiments de son maître. Alors, Vulcain élève les bras au ciel, et implore de Jupiter une compagne.

Jupiter, assis sur son aigle, apparaît dans un nuage que couronne l'arc-en-ciel. La prière de Vulcain sera exaucée. Le maître des dieux, en se relevant, laisse tomber une poignée de fleurs, et du sein de la mer s'élève une île étincelante de métaux et de perles qui s'entr'ouvre et laisse voir Ælia sous les traits de Vénus, debout sur une conque marine, ayant auprès d'elle Éros, et entourée des Grâces et des Voluptés. Éros conduit Vénus à Vulcain et les unit. — Les Cyclopes et les Voluptés se réjouissent de cet hymen, Vulcain emmène Vénus dans sa grotte, les Cyclopes rentrent dans leur fournaise, chassés par Éros qui se promet de troubler les joies de l'époux. Resté seul en scène, le jeune dieu tend son arc, choisit dans son carquois la flèche la plus acérée, qu'il essaye en se piquant le doigt, et la lance dans l'espace.

Aussitôt on entend un bruit de trompettes, un cliquetis d'armes, et un chariot armé de faux amène Euclio sous la figure du dieu Mars, précédé d'un groupe de jeunes amazones. « Maître, lui dit Éros, c'est ici un lieu de délices; contemple ces charmants visages. Sur un geste de l'enfant, les trois Grâces paraissent et viennent en dansant détacher l'armure du dieu de la guerre qui s'enivre de leurs caresses, ne sachant à qui donner la palme. — La blonde Aglaïa va l'emporter quand paraît Vénus amenée par Éros. Les Grâces se prêtent au triomphe de leur reine; Mars ébloui tombe aux pieds de la déesse, et les deux amants, entraînés par la passion, oublient leur rôle pour n'être plus qu'Euclio et Ælia. Vulcain paraît au fond du théâtre, irrité de cette scène. — A ce moment, le prince Tigrane qui, pendant la fin de l'Atellane, a donné des signes croissants de mécontentement sur le choix du sujet et sur la vérité d'expression que les acteurs apportent dans leurs rôles, finit par éclater. Les convives se lèvent; Messala s'avance et interrompt le spectacle. Mysis, ivre de fureur jalouse, révèle au Consul le secret qu'elle a surpris.

« Quoi ! s'écrie Messala, ce misérable poëte ose aimer ma fille ! Qu'il périsse sous la verge des licteurs !

— Arrêtez, dit Elia ; oui, ce poëte, je l'aime, et tout autre hymen m'est odieux. »

Elle s'élance entre Euclio et les licteurs qui se sont déjà emparés de lui et délient leurs faisceaux. Aidé par Scurra, Euclio se débarrasse des étreintes des soldats, gravit l'un des rochers et s'élance dans la mer sous une nuée de traits et de pierres que font voler les archers et les frondeurs. Elia le croit perdu et tombe défaillante. Mysis semble elle-même épouvantée de son ouvrage. — Messala, furieux, dit à sa fille :

« Eh bien ! puisque tu refuses une alliance royale, je te voue au culte de Vesta. » A cette parole, Somnio et les Vestales entourent la jeune fille pour l'emmener.

ACTE DEUXIÈME.

Au lever du rideau, de jeunes Mystes, initiées seulement aux petits mystères, vêtues de robes de gaze légère sur lesquelles retombent de longs voiles,
disposent autour des autels des bandelettes, des guirlandes, des corbeilles de
fruits et de fleurs ; quelques-unes, armées de longues faucilles d'or, coupent
des rameaux de cyprès ; on va célébrer la fête des Lampteries. Les novices
sont sous la garde de Gorgo, vieille vestale qui les gourmande et accuse leur
maladresse.

— Jamais, si elles ne s'acquittent pas mieux de leurs devoirs, elles ne
revêtiront le voile des prêtresses. Cette menace ne parait pas les émouvoir ;
plus d'une préférerait la danse et les plaisirs de la ville aux priviléges du
sacerdoce.

Entre Samnio, la grande prêtresse, qui s'approche d'Ælia, assise sur un
banc de gazon, rêvant à sa douleur et à son amour. Après quelques témoi-
gnages d'affection et de sympathie, elle lui rappelle les ordres de son père. On
frappe à la porte de bronze. Deux prêtresses de la suite de Samnio se déta-
chent, et après avoir regardé au dehors par l'ouverture d'une gueule de lion,
reconnaissant une femme, introduisent Mysis ; celle-ci leur présente un bou-
quet d'herbes magiques qui prouve qu'elle est une saga de Thessalie initiée
aux grands mystères.

Les prêtresses s'inclinent. Mysis apporte à Samnio un message du Consul
qui exige que ce jour même Ælia prononce ses vœux. La jeune fille répond
qu'un serment l'attache à celui qu'elle aime, et qu'elle ne peut se vouer
à la déesse.

« Mais, reprend Mysis, cet Enclio qu'elle aime a perdu la vie dans
les flots.

— C'est toi qui l'as tué, s'écrie Ælia, et tu viens jouir de mon désespoir. »
Elle s'affaisse sur un banc de gazon.

« Laissons quelques heures à sa douleur, dit Samnio; cette nuit a lieu
la fête des Lampteries, où Vesta se révèle toujours par quelques prodiges. Toi,
dit-elle à Mysis, qui, par les enchantements de ton art magique, es asso-
ciée à nos mystères, tu pourras rester pour assister à cette cérémonie, et tu
retourneras ensuite porter au consul Messala la nouvelle que sa fille est prêtresse. Samnio sort suivie de Gorgo. »

A peine seules, les jeunes mystes laissant les corbeilles et les guirlandes
s'empressent autour de l'étrangère.

« Tu es une danseuse célèbre, disent-elles; montre-nous les danses de
ton pays. »

Mysis cède à leurs désirs pour mieux insulter à la douleur de sa rivale.

Au moment où la danse est le plus animée, Scurra paraît au sommet
de la muraille, et apercevant Ælia seule à l'écart, lance à ses pieds une
flèche à laquelle est attachée un papyrus. Elle lit précipitamment le billet.

« Euclio existe, s'écrie-t-elle, il va venir dans une heure pour me sauver. » La danse reprend et revient du côté d'Ælia. Celle-ci cache précipitamment le billet dans son sein et, pressée par ses jeunes compagnes de les imiter,
se mêle à leurs jeux, au grand étonnement de Mysis, qui cherche à s'expli-
quer cette joie subite.

Gorgo entre à la fin de ce divertissement qui s'arrête à sa vue.

« Est-ce par les jeux profanes, dit-elle, qu'on se prépare aux sacrés mystères? Rentrez toutes dans le temple et laissez la nouvelle initiée à ses prières. »

Elles sortent. Mysis les accompagne. Ælia se voyant seule, s'abandonne à
sa joie. Elle consulte le sablier qui est placé sur l'autel de Vesta.

« Voici l'heure, dit-elle. Il va venir. » En effet, le poëte apparaît au sommet du mur, il tend la main à Scurra qui le suit, déroule une échelle de corde
et descend. Ælia le reçoit avec ivresse.

« Fuyons ensemble, dit l'amant, l'échelle est prête et le fidèle Scurra est
là pour aider à notre fuite. »

Pendant cette scène, Scurra est descendu et a reconnu l'enceinte du bois
sacré, le temple de Vesta et les apprêts de la fête. Son effroi est au comble.

« Nous sommes dans un lieu, dit-il, où la présence d'un homme est un mal-
heur public; nous risquons nos têtes Partons! Un mouvement se prépare dans
le temple; nous allons être surpris. » Au moment où les amants se dirigent vers
la muraille pour fuir, Mysis, qui, cachée derrière un massif de cyprès, les ob-
servait, a pris une faucille d'or et coupé l'échelle de corde qui tombe à leurs

pieds. « Tu as voulu la revoir, dit la Thessalienne au poëte, tu ne sortiras pas d'ici. » Euclio, furieux, saisit sur l'autel le couteau des sacrifices et s'élance sur Mysis qui tend sa poitrine.

Ælia se précipite au devant du coup et supplie son amant d'épargner sa rivale.

« Elle t'aime aussi, dit-elle, je comprends sa vengeance. Pardonne-lui. »

Euclio laisse tomber son arme qu'Ælia ramasse et présente à Mysis.

« Tiens, prends ce fer, dit-elle; si ma mort doit te satisfaire, tue-moi et sauve-le. »

Pendant ce temps, Scurra essaie en vain de rajuster l'échelle.

Mysis, étonnée du dévouement de la jeune fille qui vient de sauver sa vie du coup mortel et lui offre la sienne, commence à s'attendrir; des larmes mouillent ses yeux. Elle voudrait maintenant arracher les amants au sort qui les menace. Mais quel moyen de salut leur reste?

Scurra épouvanté s'avance vers Euclio.

« Voici les Vestales, dit-il, les voici! ou nous cacher? »

En effet, à ce moment commence à se dérouler dans l'épaisseur du bois la longue théorie des lampadophores. Le bois sacré va être envahi.

« Ah! s'écrie Mysis, là, dans le sacellum, qu'ils se cachent. »

Les deux hommes s'y précipitent au moment où les prêtresses paraissent. Elles ceignent de bandelettes sacrées le front d'Ælia, qui se laisse parer comme un être insensible.

Les jeunes Vestales se rangent en demi-cercle. Mysis, placée devant le sacellum, semble vouloir en dérober l'entrée. Elle prend les voiles des jeunes filles et les suspend aux lauriers roses qui entourent l'autel pour mieux dérober à la vue les coupables.

Le mystère va commencer. On apporte un vaste réchaud au milieu de la scène. Quelques prêtresses viennent s'asseoir autour de ce feu qu'elles alimentent de graines de myrrhe et d'aloès. Elles portent des tympanons et des crotales, et préludent par une musique étrange.

Mysis prend une résolution subite, s'approche d'Ælia et ranime son courage. Puis elle donne aux porteuses de flambeaux le signal de danses frénétiques, à la faveur desquelles elle espère profiter d'un instant propice pour cacher la fuite des amants.

A mesure qu'elle danse, le délire fanatique des prêtresses s'exalte, quelques-unes tombent épuisées de fatigue. Mysis le fait remarquer avec joie à Ælia, quand tout à coup, Samnio, comme inspirée, saisit une torche et s'avance vers le sacellom pour allumer le feu sacré ; elle recule épouvantée en voyant les deux hommes,

Ælia entoure de ses bras Euclio, et s'écrie : « Nous mourrons ensemble ! » La grande prêtresse s'élance vers un bouclier d'airain suspendu à un chêne, et le frappant d'un marteau d'or, en fait sortir un bruit retentissant. A cet appel, la porte de bronze s'ouvre. Entrent des licteurs et une troupe de Flamines armés de glaives. Toutes les vestales ont baissé leur voile et éclairent de leurs torches le groupe des coupables.

La grande prêtresse, au comble de l'indignation, invoque la colère de la déesse sur la tête des sacriléges. A ce moment éclatent partout, au milieu des éclairs et du tonnerre, les prodiges du feu. L'architecture du temple se dessine en lignes flamboyantes. Les arbres s'éclairent de reflets rougeâtres ; la fontaine sacrée se change en une source enflammée. A cette vue, le chef des flamines s'écrie :

« La déesse elle-même a fait les apprêts du supplice ; c'est dans cette piscine de feu que les impies vont périr. »

On s'empare des deux hommes ; on les lie ; on les entraîne. A ce moment suprême, Ælia, qui s'est traînée aux pieds de la prêtresse, implorant leur grâce, est saisie d'une pensée soudaine. « Eh bien ! pour calmer la colère de Vesta, je me voue à son culte. » Elle court à l'autel, ceint le voile sacré, et, prenant des mains de Samnio le rameau pontifical, s'élance vers les condamnés, et, au moment où ils vont être précipités, les couvre de la branche tutélaire. Devant ce geste, les flamines s'arrêtent ; les prodiges cessent ; une aurore brillante éclaire l'horizon. Les portes de bronze s'ouvrent et Scurra entraîne Euclio désespéré, pendant qu'Ælia protége leurs têtes sous la palme sacrée.

Après leur départ, Ælia vient tomber sans vie au pied de l'autel.

FIN.

Paris. — Typ. de Mme Ve Dondey-Dupré, rue Saint-Louis, 46, au Marais.

THÉATRE DE L'OPÉRA.

Pièces en vente à la librairie de Mme Ve JONAS, éditeur.

EXTRAIT DU CATALOGUE.

OPÉRAS

La Muette de Portici, 5 actes.	Moïse, 3 actes.
Robert le Diable, 5 actes.	Le Philtre, 2 actes.
Le Lac des Fées, 5 actes.	Don Juan, 5 actes.
Guillaume Tell, 3 actes.	Le Dieu et la Bayadère, 2 acte.
La Juive, 5 actes	Le Comte Ory, 2 actes.
Les Huguenots, 5 actes,	Richard en Palestine, 3 actes.
Guido et Ginevra, 5 actes.	Robert Bruce, 4 actes.
Benvenuto Cellini.	La Bouquetière, 1 acte.
La Vendetta, 3 actes.	L'Âme en Peine, 2 actes.
La Xacarilla, 2 actes.	Le Freischutz, 3 actes.
Gustave, 5 actes.	L'Étoile de Séville, 4 actes.
Les Martyrs, 4 actes.	Maria Stuart, 5 actes.
Stradella, 3 actes.	Jérusalem, 4 actes.
La Favorite, 4 actes.	L'Apparition, 2 actes.
Le Comte Carmagnola, 2 actes.	Jeanne la Folle, 5 actes.
La Reine de Chypre, 5 actes.	Le Prophète, 5 actes.
Charles VI, 5 actes.	Le Fanal, 2 actes.
Le Guérillero, 2 actes.	Sapho, 3 actes.
Le Vaisseau Fantôme, 2 actes.	Démon de la Nuit, 2 actes.
Don Sébastien de Portugal, 5 actes.	L'Enfant prodigue, 5 actes.
Le Lazzarone, 2 actes.	La Corbeille d'oranges, 3 actes
Le Serment, 3 actes.	Le Juif errant.
La Vestale, 5 actes.	La Fronde.
Fernand Cortez, 3 actes.	Louise Miller.

BALLETS

La Révolte des Femmes.	Paquita.
Le Diable boiteux.	Betty.
La Chatte métamorphosée en femme	Ozaï.
La Gypsy.	La Fille de Marbre.
La Tarentule.	Griseldis.
La Tempête.	Nisida.
La Sylphide.	La Vivandière.
Le Diable amoureux.	Le Violon de Diable.
Giselle.	La Filleule des Fées
Les Noces de Gamache.	Paquerette.
La Jolie Fille de Gand.	Vert-Vert.
La Péri.	Orfa.
Lady Henriette.	L'Atellane.
Le Diable à Quatre.	

Et le Répertoire complet des pièces de l'Opéra ancien et nouveau.

PIÈCES DIVERSES.

Le Veuf du Malabar, Opéra-comique en un acte, par MM. Siraudin et Adrien Robert, musique de M. Doche. Prix : 60 c.

Le Château de Barbe-Bleue. opéra comique, par M. Saint-Georges, musique de M. Limnander.

Faute d'un Pardon, drame en 5 actes, par MM. P. Foucher et A. Jarry. Prix : 60 c.

Le Prisonnier sur parole, drame en 3 actes, par MM. Faulquemont et Paul. Prix : 50 c.

Mlle de Choisy, comédie-vaudev. en 2 actes, par MM. de Saint-Georges et B. Lopez.

OUVRAGES D'ALEXANDRE WEILL. — En Vente :

Debout la Province, 2e édition. Prix : 50 c.

Roi et Président. Prix : 1 fr.

Génie de la Monarchie, 3e édition. Prix : 2 fr.

De l'Hérédité du Pouvoir, 2e édition. Prix : 1 fr.

République et Monarchie, 2e édition. Prix : 1 fr.

Paris. — Imprimerie de Mme Ve Dondey-Dupré, rue Saint-Louis, 46, au Marais.